Dom José Maria Maimone, sac

SEGUINDO
O CRISTO PASTOR

Dados Internacionais de Catalogação na Publicação (CIP)
(Câmara Brasileira do Livro, SP, Brasil)

Maimone, José Maria
 Seguindo o Cristo pastor / José Maria Maimone. — São Paulo : Paulinas, 2006.

 Bibliografia.
 ISBN 85-356-1817-1

 1. Espiritualidade 2. Jesus Cristo - Ensinamentos 3. Jesus Cristo - Pessoa e missão 4. Pastores na Bíblia 5. Vida cristã I. Título.

 06-4981 CDD-232.903

Índice para catálogo sistemático:
1. Jesus Cristo, Bom Pastor : Seguimento :
Religião cristã   232.903

Citações bíblicas: *Bíblia Sagrada*. Tradução da CNBB, 2ª ed., 2002.

Direção-geral: *Flávia Reginatto*
Editora responsável: *Celina H. Weschenfelder*
Auxiliar de edição: *Marcia Nunes*
Coordenação de revisão: *Andréia Schweitzer*
Revisão: *Alessandra Biral*
e *Mônica Elaine G. S. da Costa*
Direção de arte: *Irma Cipriani*
Gerente de produção: *Felício Calegaro Neto*
Capa e projeto gráfico: *Cristina Nogueira da Silva*

Nenhuma parte desta obra poderá ser reproduzida ou transmitida por qualquer forma e/ou quaisquer meios (eletrônico ou mecânico, incluindo fotocópia e gravação) ou arquivada em qualquer sistema ou banco de dados sem permissão escrita da Editora. Direitos reservados.

Paulinas
Rua Pedro de Toledo, 164
04039-000 - São Paulo - SP (Brasil)
Tel.: (11) 2125-3549 - Fax: (11) 2125-3548
http://www.paulinas.org.br - editora@paulinas.org.br
Telemarketing e SAC: 0800-7010081
© Pia Sociedade Filhas de São Paulo - São Paulo, 2006

Dedico às Irmãs de Cristo Pastor,
no Jubileu de Prata de sua fundação, em 2005.

Dom José Maria Maimone, sac

Apresentação

Com imensa surpresa, recebi de dom José Maria Maimone o esboço de seu livro *Seguindo o Cristo Pastor*, pedindo-me para apreciá-lo e escrever uma apresentação.

À medida que fui tomando contato com os escritos, cresceu em mim o sentimento de gratidão por tal solicitação, uma vez que percebi muita sintonia entre as reflexões de dom Maimone e os escritos carismáticos de nossa Congregação Irmãs de Jesus Bom Pastor — Pastorinhas, deixados por nosso fundador, padre Tiago Alberione, beatificado em 27 de abril de 2003.

Muito mais que simples reflexões, notei que o livro traz o aprofundamento das experiências de uma vida de pastoreio, organizado em temas que vão da "Espiritualidade do Bom Pastor" até "Seguindo o Cristo Pastor", perpassando pela amplitude da simbologia do "Pastor na Sagrada Escritura" e pelo "Amor infinito na Eucaristia", entre outros temas não menos importantes, concluindo com um "Devocionário" em forma de apêndice.

Para mim, é motivo de louvor a Deus perceber que o pastoreio de dom Maimone frutificou na consciência de que todo aquele que se dedica a algum trabalho pastoral e participa da missão do pastor, de algum modo, é pastor com seu bispo, com o supremo pastor, Jesus Cristo. Foi essa intuição que levou dom Maimone a fundar a Pia União das Irmãs de Cristo Pastor e escrever este livro dirigido a todas as pessoas que assumem o compromisso de batizados e desejam, assim, configurar-se com Jesus, o supremo Pastor.

Esses escritos se transformam em forte apelo aos bispos, padres, diáconos, religiosos e leigos para viverem em profunda reciprocidade e comunhão de sentimentos, desejos e atitudes que brotam do seguimento de Jesus Cristo Bom Pastor. Como nos dizia o beato Tiago Alberione: "Olhai Jesus Bom Pastor e vivei como ele".

Na alegria de perceber que, após um século, a intuição carismática do beato Tiago Alberione continua viva e atual e é fruto do Espírito de Deus que sopra, não só em nossa congregação, mas na Igreja de Jesus — "o grande, o bom, o supremo Pastor".

Desejo a todos uma ótima leitura! Que desperte ou ajude a fortificar a opção cada vez mais radical no seguimento de Cristo, o Bom Pastor.

Irmã Bertila Picelli, pastorinha.
Provincial das Irmãs de Jesus Bom Pastor —
São Paulo (SP)

Prefácio

Neste pequeno livro, pretendo dedicar algumas linhas à espiritualidade e carisma de Cristo Pastor. Quem desejar segui-lo, em suas características de Bom Pastor, poderá encontrar aqui algumas pistas para se ligar a Deus Pai pelo Espírito Santo, reproduzindo sentimentos, gestos, palavras e ações do Pastor que ama, guarda, guia, alimenta, conforta, busca, cura e protege as ovelhas e, por elas, dá a própria vida.

A figura do Cristo Pastor é fascinante para todos aqueles que se fixam a refletir e meditar na missão do Filho eterno do Pai, que assumiu a nossa humanidade para resgatar os homens e reconciliá-los com Deus. Na homilia de são Beda Venerável (século VIII) sobre são Mateus, ele nos diz:

> Jesus viu um homem chamado Mateus assentado à banca de impostos e disse-lhe: "Segue-me!" (Mt 9,9). Viu-o não tanto com os olhos corporais quanto com a vista da íntima compaixão. Viu o publicano, dele se compadeceu e o escolheu. "Segue-me!" Segue, quis dizer, imita; segue, quis dizer, não tanto pelo andar dos pés, quanto pela realização dos atos. Pois quem diz que permanece em Cristo deve andar como ele andou (cf. 1Jo 2,6) (*Liturgia das Horas*, v. IV, São Paulo, Ave Maria, Paulinas, Paulus e Vozes, 2000. p. 1299).

A imitação do Cristo Pastor deveria ser a meta de todo batizado e crismado. A todos, Cristo chama para serem apóstolos, para anunciá-lo, testemunhá-lo no meio do mundo e cooperar na realização de seu desejo de reunir todos os homens *num só rebanho sob um só Pastor* (cf. Jo 10,16). A espiritualidade do Bom Pastor deve, ou pode, ser adotada pelo papa, pelos bispos, padres, religiosos e leigos, cada um em seu estado de vida e da missão recebida de Deus e confirmada pela Igreja.

Por isso espero que, na sua simplicidade, estas páginas possam despertar em todos, especialmente naqueles que se consagram ao trabalho pelo Reino de Deus, um novo entusiasmo para se oferecer totalmente a Deus Pai, em união, e à imitação de seu Filho Jesus, o grande, o bom, o supremo Pastor.

A ESPIRITUALIDADE
DO BOM PASTOR

O Bom Pastor dá a vida por suas ovelhas (Jo 10,11). Enquanto Jesus pronunciava estas palavras, os apóstolos não sabiam que ele estava falando de si mesmo. Nem João, o apóstolo predileto. Ele só foi compreender isto no Calvário, aos pés da cruz, ao vê-lo oferecer silenciosamente a vida por suas ovelhas (João Paulo II, na homilia da missa de 25 anos de papado — 22/10/2003).

Essas palavras poderiam concluir do melhor modo este pequeno livro sobre a espiritualidade inspirada em Cristo, o Bom Pastor. Mas preferi que abrissem nossas reflexões.

Quando li a homilia do grande pastor de nossos dias, o papa João Paulo II, recebi uma grande iluminação de Deus. Compreendi que, ao oferecer-se ao Pai por mim, por nós e pela humanidade, Jesus nos deu a maior prova de ser verdadeiramente o Bom Pastor na cruz. Também compreendi que, no momento em que o Verbo Encarnado atinge o ponto máximo de sua missão redentora, assumindo os nossos pecados, carregando-os em seu corpo e pagando ao Pai o resgate de nossas culpas com a morte cruel na cruz, ele conquistou para sempre o título de *Grande, Supremo e Bom Pastor*.

Foi em sua morte na cruz que Jesus realizou este ensinamento: *Não há maior amor que este: dar a vida pelos amigos* (cf. Jo 15,13). E Jesus fez mais do que isso, agiu como ensinou: *Vós ouvistes o ensinamento: "Amai os vossos amigos e odiai vossos inimigos". Mas eu vos digo: "Amai os vossos inimigos e rezai por aqueles que vos perseguem"* (cf. Mt 5,43-44). Sim, na cruz, Jesus ensina com o testemunho de um amor infinito. Ele pediu que o Pai perdoasse os que o estavam matando e deu a sua vida para a salvação de toda a humanidade. Os grandes seguidores de Jesus nos deixaram exemplos e palavras profundas a este respeito. Citaremos alguns:

1. São Paulo Apóstolo: *Eu, porém, só me glorio de uma coisa: da Cruz de Nosso Senhor Jesus Cristo. Porque ele morreu na Cruz, o mundo está morto para mim e eu estou morto para o mundo* (cf. Gl 6,14).

2. São Vicente Pallotti: "Destruída seja a minha vida, e a vida de Nosso Senhor, Jesus Cristo, seja a minha".

3. Santo Tomás de Aquino: Dizem os hagiógrafos que pessoas admiradas pela grande profundidade dos seus ensinamentos nos famosos escritos filosóficos e teológicos certa vez lhe perguntaram de onde vinha tanta sabedoria. E o santo respondeu que sua sabedoria brotava da contemplação de Cristo crucificado.

4. São Paulo da Cruz: "Coisa excelente e muito santa é pensar e meditar sobre a Paixão do Senhor, pois,

por este caminho, chegamos à união com Deus. Nesta escola tão santa, aprende-se a verdadeira sabedoria. Foi aí que todos os santos estudaram" (de suas Cartas).

5. Chiara Lubic e suas companheiras que iniciaram o primeiro focolare, na Obra de Maria, fizeram um propósito: "Amar-nos umas às outras, até o ponto de dar a vida por cada uma". Com o passar dos anos e o desenvolvimento do carisma e da "espiritualidade da unidade", elas chegaram ao Cristo Abandonado nas horas de sua Paixão na cruz; aí encontraram o ápice de inspiração de seu ideal.

É assim que chegaremos à sabedoria da cruz e atingiremos o auge da espiritualidade do Bom Pastor: na contemplação de Jesus Crucificado, que dá a vida por amor, para salvar *suas ovelhas*, seus amados, todos os homens.

Para oferecer-se em sacrifício, o Verbo de Deus precisou entrar em nossa realidade física do corpo. Para que chegasse ao ato supremo do Bom Pastor, na cruz, ele teve de viver a realidade da encarnação, gestação, nascimento e crescimento humano, assim como vivenciar sua vida privada no seio da família de Nazaré e a vida pública de apóstolo do Pai Eterno, ensinando-nos a verdade e revelando-nos os mistérios do Reino, além de fazer uma caminhada para se tornar nosso *caminho, verdade e vida e nos conduzir ao Pai* (cf. Jo 14,6). Nós, também, queremos dar diversos passos para entender um pouco mais a profundidade e a riqueza da espiritualidade do Bom Pastor.

PARTE I
O Pastor nas Sagradas Escrituras

ANTIGO TESTAMENTO
DEUS PASTOR

No primeiro livro da Bíblia, Deus é chamado de Pastor: *Esta foi a bênção que Jacó deu a José: "O Deus em cuja presença andaram meus pais Abraão e Isaac, o Deus que me guiou como pastor desde que nasci até hoje e como anjo me livrou de todo mal, abençoe a ti e teus filhos"* (cf. Gn 48,15-16).

Os profetas, de modo especial, revelam Deus como Pastor: *Deus, como um pastor, apascenta o seu rebanho, toma os cordeirinhos em seus braços, leva ao colo as ovelhas que amamentam e reúne as dispersas com a mão* (cf. Is 40,11). *Como ovelhas pastarão à beira dos caminhos e encontrarão pastagem abundante sobre todas as colinas. Não terão mais fome ou sede; não serão castigadas nem pelo sol, nem pelos ventos quentes do deserto. Eu as conduzirei com amor e as guiarei às fontes de águas frescas* (cf. Is 49,9-10).

Jeremias, o profeta, se refere sobre os maus pastores: *Ai dos governantes, pastores que destroem e dispersam o rebanho da minha pastagem! — oráculo do Senhor. Por isso, assim diz o Senhor, o Deus de Israel, contra os pastores: "Vós, que governais meu povo, dispersastes minhas ovelhas e as expulsastes; delas não cuidastes. Pois agora sou eu quem vai cuidar de vós, pedir contas da maldade que praticastes" — oráculo do Senhor. Eu mesmo vou reunir o resto de minhas ovelhas de todos os países para onde as expulsei. Vou trazê-las de volta para sua morada, onde vão crescer e se multiplicar. Colocarei à frente delas pastores que delas cuidem de tal modo que nunca mais passem medo ou susto, nem precisem ser contadas — oráculo do Senhor (Jr 23,1-4). Meu povo se tornara umas ovelhas perdidas, desviadas pelos pastores, que pelas serras as fizeram perder o caminho. Passavam da serra para a montanha, sem saber o lugar de sua morada (Jr 50,6).*

Ezequiel (34,2-4; 10-12; 30-31) tem o discurso mais severo aos maus pastores, em que lembra que Deus ama seu povo e será o seu Pastor: *Ai dos pastores de Israel que se apascentam a si mesmos! [...] Comeis de seu leite, vestis sua lã e matais os animais gordos, mas não apascentais as ovelhas. Não fortalecestes a ovelha fraca, não curastes a ovelha doente, nem enfaixastes a ovelha quebrada. Não trouxestes de volta a ovelha desgarrada, não procurastes a ovelha perdida, mas as dominastes com dureza e brutalidade. [...] Eu mesmo me ponho contra os pastores para reclamar deles as minhas ovelhas e lhes cassar o ofício de pastor. Resgatarei de sua boca minhas ovelhas, que não lhes servirão mais de alimento. Eu mesmo buscarei minhas ovelhas e tomarei conta delas. Como o pastor toma conta do rebanho quando ele próprio se encontra no meio das ovelhas dispersas, assim irei visitar as minhas ovelhas e as resgatarei de todos os lugares em que foram dispersas em dia de nuvens e de escuridão. Assim saberão que eu, o Senhor, sou o Deus-com-eles, e eles, o meu povo, a casa de Israel — oráculo do Senhor Deus. E quanto a vós, minhas ovelhas, ovelhas de minha pastagem, vós sois seres humanos, e eu sou o vosso Deus — oráculo do Senhor Deus.*

O profeta Oséias fala da infidelidade das ovelhas para com Deus, seu Pastor: *Eu vos guiei e alimentei nas regiões áridas do deserto, quando tivestes vossa pastagem e ficastes fartos. Uma vez fartos, vos tornastes orgulhosos e vos esquecestes de mim* (cf. Os 13,5-6).

Tempos depois o adolescente Davi foi escolhido por Deus para ser o rei do povo de Israel. Ele foi tirado do pastoreio das ovelhas de seu pai, Jessé, para pastorear o rebanho de Deus, o povo da Antiga Aliança: *Para apascentá-las, irei estabelecer sobre elas um único pastor, o meu servo Davi. Ele cuidará delas e será um verdadeiro pastor. Meu servo Davi será o seu rei e seu único pastor; obedecerão aos meus mandamentos, aceitarão meus preceitos e os colocarão em prática* (cf. Ez 34,23.37,24).

Hoje, o povo da Nova Aliança, como Israel, o povo da Antiga Aliança "é um povo de cabeça-dura". Muitos rejeitaram, e ainda hoje rejeitam, a Deus e seu Cristo. Mas há um resto de Israel que permaneceu fiel e foi purificado pelo Senhor: *Espada, fica desperta contra o pastor e esse indivíduo meu ajudante — oráculo do Senhor dos exércitos.*

Fere o pastor e espalha as ovelhas. Contra os peões, eu volto minha mão. Aí, então, de todo o país — oráculo do Senhor —, duas partes serão eliminadas; somente a terceira ficará como sobra. E ainda farei que essa terça parte passe pelo fogo, a fim de apurá-la como se apura a prata, prová-la como se prova o ouro (Zc l3,7-9). *O Senhor disse: "Eu te reunirei, resto de Israel, e te colocarei como ovelhas no aprisco, como um rebanho em boas pastagens. Haverá uma multidão de gente. Aquele que lhes abre o caminho irá à frente deles. Abriu uma brecha, passaram pela porta e por ela saíram. O rei passou adiante deles, e o Senhor está à sua frente"* (cf. Mq 2,12-13).

Como podemos ver, são abundantes as citações do AT sobre o pastor. Vamos nos limitar a essas para sermos breves, pois acredito que são suficientes para nos convencer da importância desse tema. Parece-me que, por meio dos profetas, Deus quis nos preparar para conhecê-lo sobre o aspecto de Pastor que cuida das ovelhas e as ama. Parece-me que o Pai quis nos preparar para receber seu Filho, que seria enviado como Pastor e que, no desempenho de sua missão, daria a própria vida para salvar o rebanho.

Ligação dos dois Testamentos

Creio que a melhor ligação entre o Antigo e o Novo Testamento é aquela revelação feita por Jesus aos dois discípulos no caminho de Emaús: *"Como sois sem inteligência e lentos para crer em tudo o que os profetas falaram! Não era necessário que o Cristo sofresse tudo isso para entrar na sua glória?" E, começando por Moisés e passando por todos os Profetas, explicou-lhes, em todas as Escrituras, as passagens que se referiam a ele* (Lc 24,25-27).

Nos versículos anteriores, Jesus se refere especialmente à sua paixão, morte e ressurreição. Mas podemos concluir que se relaciona a tudo o que diz respeito a seu ser, seus atributos, suas virtudes, suas ações, sua vida, sua santidade... E, sem dúvida, a tudo aquilo que se refere à sua identidade de Bom Pastor.

Nas primeiras citações apresentadas, a Bíblia nos falou de Deus Pastor. Nas últimas, salienta mais a figura do Messias, o Cristo, aquele que Deus Pai enviaria para ser o nosso Bom Pastor. De modo especial, lembramos Ezequiel (34,23.37,24), que fala de Davi, o Pastor que iria unificar o reino de Israel e que é figura eminente de Cristo. *E haverá um só rebanho e um só Pastor* (Jo 10,16).

Já o profeta Zacarias (13,27) nos fala da morte de Cristo e da dispersão das ovelhas, isto é, de seus discípulos, que, de início, ficaram completamente desorientados e desiludidos. O profeta Miquéias (2,12-13) nos remete à parábola do Bom Pastor, na qual João reproduz as palavras de Jesus: *Eu sou a porta. Quem entrar por mim será salvo; poderá entrar e sair, e encontrará pastagem* (Jo 10,7-9).

Ainda seguindo a lógica do ensinamento de Jesus aos discípulos de Emaús, creio que alguns símbolos ou figuras de Jesus que encontramos no Antigo Testamento nos ajudarão a entender mais e melhor a missão de Cristo Pastor.

Para começar, destaco a figura de Moisés, o salvo das águas. O profeta Isaías o apresenta como pastor ao dizer: *Então lembraram de Moisés, servo de Deus, e perguntaram: "Onde está o Senhor que salvou do mar o seu povo, que salvou o rebanho; e onde está Moisés, que era o pastor?"* (cf. Is 63,11). Ter Moisés como o "pastor fiel" era um conceito muito enraizado na tradição judaica. Era mesmo um motivo para muitos não aceitarem o Cristo, quando este contradizia ou corrigia alguma doutrina de Moisés. O salmo 77(76),21 canta assim: *Guiaste o teu povo como a um rebanho, por meio de Moisés e de Aarão*. Moisés conduziu o Povo de Deus e o fez transpor o Mar Vermelho; assim, libertou e salvou seu povo. É, portanto, a grande figura de Jesus Cristo, o verdadeiro Libertador e Salvador de todos aqueles que o aceitam e o seguem.

Na releitura da Carta aos Hebreus, Cristo realiza aquilo que foi significativo na missão e história de Moisés e na libertação do povo de Israel da escravidão do Egito. Por isso, ele recebe aqui não apenas o título de "pastor", mas de "grande pastor", pois transcende o símbolo apresentado em Moisés: *Deus ressuscitou nosso Senhor Jesus Cristo que, pela sua morte de cruz, é o grande Pastor do rebanho. E é por meio do sangue de Jesus que a nova e eterna aliança é selada* (cf. Hb 13,20-21).

Encontramos outra profunda ligação entre o AT e o NT no livro do profeta Isaías e na Primeira Carta de são Pedro. No capítulo 53, Isaías descreve o Messias como o servo sofredor de Javé. No versículo 6, diz: *Todos nós andávamos errantes como ovelhas desgarradas; o Senhor fazia recair sobre ele o castigo das faltas de todos nós.* Pedro, que não aceitara os sofrimentos da paixão de Jesus (cf. Mt 16,22), pois esperava que ele fosse o Messias triunfante que devolveria ao povo de Israel a sua liberdade política, se converteu de modo que nos dá uma profunda explicação sobre a libertação realizada por Jesus com o sangue de sua cruz: *Andáveis desgarrados como ovelhas, mas agora voltastes ao pastor que cuida de vós* (1Pd 2,25). No versículo anterior, afirma: *Carregou nossos pecados em seu próprio corpo, sobre a cruz, a fim de que, mortos para os pecados, vivamos para a justiça. Por suas feridas fostes curados* (1Pd 2,24; cf. Is 53,12). Posteriormente, ele nos mostra a primazia do pastoreio de Jesus quando afirma: *Vós, como pastores, velai sobre o rebanho de Deus que vos foi confiado... E, quando vier o Cristo, o supremo Pastor, recebereis uma coroa de glória, que dura para sempre* (cf. 1Pd 5,2-4).

Essa ligação dos dois Testamentos nos ajuda a compreender que Deus é o Pastor de seu povo. Foi o que nos afirmaram as diversas citações apresentadas do Antigo Testamento. Também nos leva a entender que o Filho unigênito de Deus, que é um com o Pai e o Espírito Santo, assumiu a nossa natureza humana quando se encarnou no seio imaculado da Virgem Maria e veio para ser o nosso Pastor, humano, visível. Por isso, como já vimos, muitos trechos do AT sobre o pastor são profecias que se referem claramente a Jesus Cristo, o Bom Pastor, as quais se tornaram realidade em Jesus, o Deus encarnado.

Salmo 23(22)

Considerei importante reservar um espaço especial para comentar e rezar o salmo 23(22), que se refere ao Bom Pastor: *O Senhor é meu Pastor...*

Primeiramente, podemos dizer que o salmista nos apresenta Deus como Pastor, aquele que nos protege contra o inimigo e nos leva às boas pastagens e às águas puras. É ele que nos guia pelos caminhos tenebrosos da vida, nos dá toda a segurança e nos enche de esperança e paz. Transcrevo o salmo 23(22), pedindo que o meditem com atenção e recolhimento:

1. O Senhor é o meu pastor, nada me falta.
2. Ele me leva aos campos de ervas frescas e às fontes de águas puras.
3. À sombra de árvores frondosas me faz descansar e restaurar as minhas forças. O Senhor me guia pelos caminhos mais seguros, pois honra sua Palavra e seu nome.
4. Mesmo que eu tenha que passar por um vale escuro, não sentirei medo algum, pois o Senhor estará comigo; seu báculo me protege e me dá segurança.

5. Como a um convidado de honra, o Senhor derrama óleo perfumado em minha cabeça, me oferece um grande banquete, bem à vista de meus inimigos, e enche minha taça até transbordar.

6. Sua misericórdia e seu amor me acompanham a vida inteira. Quero ficar na casa do Senhor para sempre.

No início do salmo (vv. 1-3a), podemos visualizar um pastor de ovelhas que ama e guarda seu rebanho e o leva a lugares onde estas se alimentam bem e podem descansar. Em seguida (vv. 3b-4), podemos imaginar um pastor que luta com amor e coragem, dando segurança e tranqüilidade às ovelhas. A idéia pode ser aplicada a um pastor de animais ou a um Deus que sempre protege seus filhos, mesmo quando estão em dificuldades e enfrentam a noite de trevas. Na terceira parte (v. 5), sem dúvida, o salmista passa a falar de pessoas humanas, de banquete com uma mesa farta de comidas e bebidas. Relata a recepção atenciosa e amorosa aos participantes de uma grande festa. Por fim (v. 6), a pessoa que encontrou Deus e experimentou a verdadeira felicidade manifesta o desejo de permanecer sempre com ele, o Bom Pastor.

A proteção e a segurança mencionadas no salmo serão depois confirmadas no último livro da Bíblia: *Nunca mais terão fome, nem sede. Nem os molestará o sol, nem algum calor ardente. Porque o Cordeiro, que está no meio do trono, será o seu pastor e os conduzirá às fontes de água vivificante* (Ap 7,16-17).

O BOM PASTOR
NO NOVO TESTAMENTO

João 10,1-21

O texto mais conhecido e famoso sobre o Bom Pastor está no evangelho de são João (10,1-18). Nesse livro, com símbolos da vida pastoril, Jesus nos fala de eclesiologia, cristologia e soteriologia. Seu discurso foi tão contundente que provocou divergências entre os judeus (cf. 10,19-21).

A parábola é cristológica, pois nos mostra que nossa fé e nossa religião devem ser centradas em Cristo. Jesus Cristo se apresenta como Deus: "Eu sou!". É assim que ele se revelou a Moisés e mandou que o apresentasse aos israelitas no Egito: *Eis como responderás aos israelitas: "Aquele que se chama **eu sou** enviou-me junto de vós"* (Ex 3,14). É o modo solene e próprio de Deus se apresentar. Jesus, o Filho de Deus, assim também se identifica: *Eu sou! Eu sou o Bom Pastor* (Jo 10,11). Do mesmo modo, isso ocorre em outras ocasiões: *Eu sou o pão que desceu do céu* (Jo 6,41); *Eu sou a luz do mundo* (Jo 8,12); *Eu sou a ressurreição e a vida* (Jo 11,25); *Eu sou o caminho,* *a verdade e a vida* (Jo 14,6); *Eu sou a porta das ovelhas* (Jo 10,7); *Eu sou a água que dá a vida* (cf. Jo 4,13-14; 6,35; 7,37-39). Sim, Jesus Cristo é o caminho e a porta que nos levam ao Pai. Ele ilumina o nosso caminho; é a água que nos dá e conserva a vida.

A parábola é eclesiológica. A Igreja é o conjunto de pessoas que crêem em Cristo, foram batizados, aceitaram e seguem a Jesus. Ela é o rebanho do Senhor, no qual se entra por meio de Cristo, que é a porta. As ovelhas, isto é, os cristãos, conhecem a voz do Senhor e o seguem. A Igreja é também missionária: *Ainda há ovelhas que não entraram no aprisco, mas é necessário procurá-las e conduzi-las* (cf. Jo 10,16).

A parábola é soteriológica, ou seja, fala da salvação. O Bom Pastor veio para salvar; para isso, ofereceu sua vida: *Eu dou a vida pelas minhas ovelhas* (v. 15)... *O Pai me ama porque eu dou a minha vida* (v. 17). O Bom Pastor se sacrifica para cuidar, alimentar, guardar, proteger, guiar e salvar as ovelhas de seu rebanho. Podemos afirmar que a parábola do Bom Pastor (Jo 10,1-21) é um resumo da história da salvação.

Como vemos, a espiritualidade do Bom Pastor possui uma riqueza incomparável, e aqueles que a seguem devem chegar a essa imitação do Mestre, desde que estejam prontos a dar a própria vida pelos irmãos: *Sabemos que passamos da morte para a vida, porque amamos os irmãos. Quem não ama permanece na morte. Todo aquele que odeia o seu irmão é um homicida. E sabeis que nenhum homicida conserva vida eterna permanecendo nele. Nisto sabemos o que é o amor: Jesus deu a vida por nós. Portanto, também nós devemos dar a vida pelos irmãos* (1Jo 3,14-16).

Entre o pastor e as ovelhas, há uma profunda comunhão. O pastor conhece cada uma e as chama pelo nome. Elas, por sua parte, conhecem a voz dele e o seguem. As ovelhas não escutam a voz de um estranho, nem o seguem. O pastor provê as necessidades de cada uma, guarda as sadias e cura as doentes. As ovelhas aceitam o amor do pastor e a ele correspondem.

Jesus é o Pastor perfeito que ama suas ovelhas até o fim (cf. Jo 13,1); para salvá-las, está pronto a sacrificar sua vida; de fato, ele a oferece em holocausto. Cristo, o Bom Pastor, conhece, isto é, ama a sua Igreja, sua esposa, seu rebanho (cf. Ef 5,21-33). Como prova de seu amor, *Jesus se entregou a Deus por nós como oferenda e sacrifício de suave odor* (Ef 5,2).

Lucas 15,4-7 — Mateus 18,12-14

As passagens anteriores complementam perfeitamente o pensamento expresso em João 10,16: *Tenho ainda outras ovelhas que não são deste redil...* Sim, existem aquelas que nunca pertenceram ao rebanho de Cristo, e as que, sendo do rebanho, se desgarraram ou se perderam.

É importante perceber que, nas três narrações, Deus quer a salvação de todos, motivo pelo qual enviou seu Filho ao mundo. Um detalhe que não podemos deixar de salientar é a alegria do Bom Pastor ao encontrar a ovelha perdida. Ele a coloca nos ombros com carinho e, feliz, a reconduz para o curral. A figura do Cristo Pastor com a ovelha sobre os ombros já era venerada nas catacumbas, onde os primeiros cristãos a pintavam ou esculpiam em baixo-relevo nas paredes. O Pastor não guarda egoisticamente a alegria somente para si. Ao chegar em casa, comunica a novidade aos parentes e vizinhos, convidando-os a se alegrar e festejar com ele, porque encontrou sua ovelha, que estava perdida.

O fecho da parábola, em Mateus (18,14), nos diz: *O Pai que está nos céus não deseja que se perca nenhum desses pequenos*; posteriormente, a narração de Lucas (15,7) termina assim: *Haverá no céu alegria por um só pecador que se converte, mais do que por noventa e nove justos que não precisam de conversão*. Essas afirmações são revelações comoventes do infinito amor do Pai Celeste por todas as pessoas, especialmente as pecadoras.

Daí concluímos que, sendo infinito o amor de Deus, em seu coração há lugar para todos, até para os pecadores. Logo, devemos distinguir o pecado do pecador. Deus detesta o pecado, mas ama o pecador e quer sempre a sua conversão e sua salvação. Jesus, que nos afirma ser o Bom Pastor, nos prova isso quando se mistura com os publicanos e pecadores, sem excluir ninguém do seu convívio e interesse: *Os fariseus perguntaram aos apóstolos: "Por que vosso mestre come com os publicanos e os pecadores?". Jesus ouviu e falou: "Os sãos não necessitam de médico, mas sim os enfermos. Aprendam o que significa esta palavra de Deus: 'Eu não vos peço oferendas, mas que tenham compaixão'. Eu não vim chamar os homens perfeitos, mas, sim, os pecadores"* (cf. Mt 9,11-13). *"E se vocês entendessem claramente o que significa: 'Eu quero misericórdia e não sacrifícios', não teriam condenado estes inocentes"* (cf. Mt 12,7). Nas duas passagens, Jesus se refere à profecia de Oséias: *Eu quero amor e não sacrifícios; conhecimento de Deus e não holocaustos* (Os 6,6).

Jesus veio para nos revelar o Pai. O desejo dos discípulos em conhecer Deus era intenso: *"Senhor, mostra-nos o Pai e isto nos basta"*. Jesus respondeu: *"Filipe, há tanto tempo estou convosco, e não me conheces? Quem me viu, tem visto o Pai. Como é que tu dizes: 'Mostra-nos o Pai'? Não acreditas que eu estou no Pai e que o Pai está em mim?"* (Jo 14,8-10). Jesus é o "sacramento", a imagem, o sinal do Pai, assim como o cristão deve ser sinal de Cristo e de sua Igreja.

Sempre se diz que a melhor revelação de Deus Pai foi feita por Jesus ao narrar a parábola do pai misericordioso ou do filho pródigo (Lc 15,11-32). Nela se pode ver o amor misericordioso de Deus, seja por aquele que, em busca de novidades, abandona a casa paterna, seja por aquele que, permanecendo em casa, não conhece nem ama o pai.

Nas parábolas do bom pastor, podemos encontrar praticamente as mesmas características do pai misericordioso: o mesmo amor, a mesma compreensão, a mesma espera e procura e o mesmo acolhimento ao que havia se desgarrado do rebanho. Como Cristo e o Pai são um, as virtudes e os atributos do Bom Pastor estão tanto em Deus Pai como em Deus Filho, pois *Quem me viu, tem visto o Pai* (Jo 14,9). *Eu e o Pai somos um* (Jo 10,30). Portanto, é olhando, refletindo, meditando, contemplando o Cristo Pastor que nós vamos conhecer Deus Pai. É seguindo a espiritualidade, as virtudes, as características do ser e do agir de Cristo Pastor, que vamos chegar ao Pai e seremos transformados, pelo Espírito Santo, em morada da Santíssima Trindade.

1Pedro 5,1-4

Constituído por Jesus como o cabeça do Colégio Apostólico, Pedro orienta os bispos e presbíteros da Ásia Menor: *Aos presbíteros, àqueles que entre vós são responsáveis pela comunidade, agora eu exorto. Eu, que também sou presbítero, testemunho dos sofrimentos de Cristo e participante da glória que Deus, em breve, irá revelar a todos os homens. Eu vos peço que, como pastores, apascenteis o rebanho que Deus vos confiou; cuidai dele não apenas para cumprir uma obrigação, mas com alegria, como Deus quer. Não tenhais ambição de lucro, mas dedicai-vos ao rebanho com generosidade e altruísmo. Não agi como se fôsseis donos daqueles que vos foram confiados, mas procurai servir de exemplo para todos. Assim, quando vier o supremo pastor, vós recebereis a coroa da glória eterna.* Nessas orientações, podemos distinguir vários pontos importantes:

1. Cristo é o supremo Pastor. Ele nos deixou o exemplo.

2. Os bispos e presbíteros, participantes do pastoreio de Cristo, também devem ser modelos de cristãos para os fiéis.

3. Cristo, supremo Pastor, dedicou-se a cuidar do rebanho livremente, não de maneira forçada.

4. Cristo serviu e não foi servido; procurou o bem das ovelhas, não o próprio interesse; ele não buscou se enriquecer à custa de seus seguidores. O salário dos bons pastores será a vida eterna, o céu.

5. Cristo Pastor, apesar de ser Senhor e Mestre, agiu como servo das ovelhas e conservou a liberdade de seus seguidores. Aquele que ama não é dominador.

6. Pedro convida os pastores de hoje a terem as mesmas atitudes de Cristo.

7. Os rebanhos confiados aos bispos ou presbíteros continuam a ser de Deus e de seu Cristo.

8. Esses rebanhos são bem definidos (dioceses, paróquias...), pois cada um é responsável pela comunidade "que Deus lhe confiou". Alguns tradutores dizem: *apascentai o rebanho de Deus, que está entre vós* (v. 2).

9. O supremo Pastor provou seu amor pelas ovelhas morrendo para salvá-las.

10. Pedro aprendeu o sentido e o valor desse amor quando recebeu a incumbência de pastorear toda a Igreja, o grande rebanho do Senhor.

Antes de confiar-lhe o cuidado de todas as Igrejas, Jesus exigiu de Pedro a tríplice confissão de amor. Só quem ama Jesus e sua Igreja, isto é, quem ama o Cristo-Total ou a Igreja-Total — cabeça e membros — poderá ser pastor. Somente participando do amor infinito de Jesus, alguém poderá fazer parte também do pastoreio de Cristo. *Jesus disse a Simão Pedro: "Simão, filho de João, tu me amas mais do que estes?". Pedro respondeu: "Sim, Senhor, tu sabes que te amo". Jesus lhe disse: "Cuida dos meus cordeiros". E disse-lhe, pela segunda vez: "Simão, filho de João, tu me amas?". Pedro respondeu: "Sim, Senhor, tu sabes que te amo". Jesus lhe disse: "Sê pastor das minhas ovelhas". Pela terceira vez, perguntou a Pedro: "Simão, filho de João, tu me amas?". Pedro ficou triste, porque lhe perguntou pela terceira vez se era seu amigo. E respondeu: "Senhor, tu sabes tudo; tu sabes que te amo". Jesus disse-lhe: "Cuida das minhas ovelhas"* (Jo 21,15-17).

Como Pedro amava Jesus, e este sabia que era verdade, constituiu-o seu representante na Terra, o primeiro papa, isto é, o pastor de toda a sua Igreja, espalhada pelo mundo. Por amor a Jesus e à Igreja, Pedro deu a própria vida no martírio.

Se quiséssemos fazer um estudo mais completo, deveríamos pesquisar mais e certamente encontraríamos ainda muitos textos sobre o pastor, além de diversos outros paralelos, que nos ajudariam a entender mais suas tarefas e características. Mas creio que os textos bíblicos apresentados e rapidamente comentados nos permitem visualizar bem a figura do pastor e os motivos pelos quais as Sagradas Escrituras dão este título a Deus e ao Verbo Encarnado: Deus Pastor, Cristo Pastor. Pois as atitudes, características, virtudes e gestos dos verdadeiros pastores de ovelhas são reflexos dos gestos, virtudes, características e atitudes de Jesus Cristo e de Deus Pai para com os homens. O que vimos até o momento é suficiente para fundamentar o trabalho a que nos propusemos.

PARTE II
REFLEXÕES SOBRE O BOM PASTOR

O PAPA EXORTA OS PASTORES

Iluminado por Deus, o papa João Paulo II nos deixou duas exortações apostólicas sobre o tema: *Pastores Dabo Vobis* (Eu mesmo vos darei pastores), 25/3/1992, e *Pastores Gregis* (Pastores do rebanho), 16/10/2003.

Neste estudo, queremos comentar alguns pontos de sua última Exortação Apostólica. A *Pastores Gregis* é o resultado da Décima Assembléia do Sínodo dos Bispos, realizada em Roma, de setembro a outubro de 2001, sob o tema: *Bispos, servidores do Evangelho de Jesus Cristo, para a esperança do mundo.* Embora fale em sentido restrito da missão dos bispos como servidores do Evangelho, relata em amplo sentido da missão de todos os cristãos "como servidores do Evangelho para a esperança do mundo". Por isso, lembramos que o carisma do Cristo Pastor pode inspirar e orientar também a vida dos presbíteros, religiosos e leigos. Logo na introdução, o papa cita a *Lumem Gentium*, n. 18:

> Assim, continua a ter cumprimento a vontade do Senhor Jesus, o Pastor eterno que enviou os apóstolos, como ele mesmo tinha sido enviado pelo Pai (cf. Jo 20,21) e quis que os sucessores deles, os bispos, fossem pastores na sua Igreja, até o fim dos tempos.

É bom lembrarmos que todos os padres, religiosos e leigos, que em uma diocese se dedicam a algum trabalho de pastoral, participam da missão de pastor. Após o Concílio Vaticano II, a maioria das dioceses organizou sua ação evangelizadora a partir dos Planos de Pastoral (que, ultimamente, passaram a ser denominados Planos da Ação Evangelizadora). Portanto, todos os que assumem um trabalho de pastoral ou evangelização, de algum modo, são pastores, tanto com o seu bispo quanto com o supremo Pastor, Jesus Cristo.

Para ilustrar essa afirmação, nada melhor que olhar para Maria, a Mãe de Jesus. Ela não pertenceu ao grupo dos doze apóstolos, não recebeu o sacramento da Ordem, não foi investida da mesma missão dos apóstolos, nem sofreu como eles o martírio. No entanto, a Igreja a invoca e venera como Rainha dos Apóstolos, Rainha dos Mártires e Senhora dos Pastores.

Maria soube exercer, de maneira discreta, sua função de apóstola entre os primeiros bispos da Igreja, os apóstolos de Jesus. Ela estava com os apóstolos no cenáculo, implorando a vinda do Espírito Santo, durante nove dias, até acontecer o prodigioso Pentecostes. Foi capaz de se colocar a serviço das primeiras comunidades cristãs e congregar as pessoas, anunciando para elas seu Filho, Jesus Salvador. Participou do martírio de Cristo, o Rei dos Mártires, permanecendo firme aos pés da cruz, assim como das primeiras perseguições e martírios dos seguidores de Jesus. Por isso, de fato, ela é a Rainha dos Apóstolos, dos Pastores e dos Mártires. É tradição, na Igreja, privilegiar, ou salientar, a figura do Bom Pastor. A *Pastores Gregis* nos diz:

> A imagem do Bom Pastor, muito apreciada pela primitiva iconografia cristã, acompanhou sempre os bispos que, chegados de todo o mundo, estiveram reunidos de 30 de setembro a 27 de outubro de 2001, na 10ª Assembléia Geral Ordinária do Sínodo dos Bispos. [...] Todos estavam de acordo que a figura de Jesus Bom Pastor constitui a imagem privilegiada à qual se deve fazer constantemente referência. De fato, ninguém pode ser considerado um pastor digno deste nome se não se fizer um com Cristo pela caridade. [...] (n. 1).

Após passar a noite na montanha, em oração, Jesus escolheu entre os seus discípulos, doze para andar com ele (cf. Mt 6,14). Todo padre, religioso ou leigo que se consagra a Deus é escolhido para "estar com Jesus". Mas, o que significa "estar com Jesus"? Sobre isso, o papa responde na Exortação Apostólica:

> Jesus chama os doze a compartilhar a própria vida. Também esta partilha, que é comunhão de sentimentos e desejos, é uma exigência inscrita na participação deles da própria missão de Cristo [...] (n. 11).

Qual é a missão de Cristo? Ele foi enviado pelo Pai para reconciliar os homens com Deus e salvar todas as pessoas. Essa é, também, a nossa missão, unidos a Cristo. E todos os que se salvam são santos (mesmo sem terem sido canonizados pela Igreja).

São Vicente Pallotti dizia que a maior caridade que podemos ter por alguém é ajudá-lo a se salvar. Por isso, convidava todos a serem apóstolos, para participar do Apostolado Universal da Igreja. Se Cristo veio para a salvação de homens e mulheres, se para salvar uma pessoa é preciso se santificar, se a maior caridade para com o próximo é auxiliá-lo em sua salvação, é bom recordar a vocação universal à santidade. É o que faz João Paulo II na Exortação Apostólica, citando são Gregório Nazianzeno:

> Temos que começar a nos purificar, antes de purificarmos os outros; temos que ser instruídos, para podermos instruir; temos que nos tornar luz, para iluminar; temos que nos aproximar de Deus, para podermos aproximar dele os outros; temos que ser santos, para santificar os irmãos (Discurso II, 71, cf. PG 12).

Isso nos foi ensinado por Jesus Cristo quando disse que *precisamos primeiro tirar a trave do nosso olho, para depois sermos capazes de ver e tirar o cisco do olho do nosso irmão* (cf. Mt 7,1-5). Para chegarmos à santidade e, como pastores, auxiliar nossos semelhantes a se santificar, temos de nos tornar pessoas de oração. Diz o papa:

> Um apóstolo, ou pastor, só pode considerar-se verdadeiro ministro da comunhão e da esperança para o povo santo de Deus quando caminhar na presença do Senhor. Na realidade, não é possível estar ao serviço dos homens sem primeiro serem "servos de Deus". E não podem ser servos de Deus se não forem "homens de Deus". [...] Em virtude do batismo recebido, o bispo, como todo cristão, participa da espiritualidade que se baseia na incorporação em Cristo e se exprime em segui-lo

segundo o Evangelho. Por isso, partilha a vocação de todos os fiéis à santidade. Conseqüentemente, deve cultivar uma vida de oração e fé profunda, colocando em Deus toda a sua confiança, dando testemunho do Evangelho em dócil obediência às sugestões do Espírito Santo e conservando uma particular e filial devoção à Virgem Maria, que é a mestra perfeita da vida espiritual... Nenhum bispo pode ignorar que, no vértice da santidade, permanece Cristo Crucificado em sua suprema doação ao Pai e aos irmãos no Espírito Santo. Por isso, a configuração a Cristo e a participação nos seus sofrimentos (cf. 1Pd 4,15) tornam-se a estrada mestra da santidade (n. 13).

Quem segue a espiritualidade do Bom Pastor deve ter uma oração tipicamente "apostólica", isto é, apresentada ao Pai como intercessão pelos irmãos, especialmente por aqueles que necessitam de ajuda para encontrar Jesus e andar em seus caminhos. João Paulo II nos alerta ainda sobre a importância do sacramento da penitência para a nossa santificação. Precisamos recorrer à confissão de maneira freqüente e regular, conscientes de nossas fraquezas humanas e de nossa realidade de pecado. Diz ele:

> Temos que buscar o sacramento da reconciliação como uma exigência profunda e uma graça incessantemente almejada, para dar novo impulso ao próprio empenho de santificação [...]. Deste modo, exprimimos, visivelmente, o mistério de uma Igreja em si mesma santa, mas composta também de pecadores necessitados de ser perdoados (n. 13).

Para concluir, podemos afirmar que a vocação à santidade está alicerçada no batismo e na crisma e é comum a todos os cristãos, pois todos são chamados a *ser santos porque Deus é santo* (cf. Lv 11,14). Os votos religiosos e o sacramento da Ordem trazem uma nova exigência de santidade que, se não existir nesses estados de vida, torna sem sentido o sacerdócio e a vida religiosa.

Na *Pastores Gregis*, no 10º Sínodo, João Paulo II lembrou várias sugestões dos bispos, as quais apresentou como uma série de "elementos necessários para fazer crescer na vida espiritual e na santidade":

1. Leitura e meditação da Palavra de Deus (n. 15).

2. Eucaristia, centro da missão do bispo, do sacerdote e dos que participam da ação pastoral: "Da mesma forma que o mistério pascal está no centro da vida e da missão do Bom Pastor, assim a eucaristia constitui o centro da vida e da missão do bispo e de cada sacerdote (podemos acrescentar: de todo cristão). Pela participação diária na missa, oferece-se a si próprio juntamente com Cristo" (n. 16).

3. Oração, e, "de modo especial, a que se eleva ao Senhor na celebração da Liturgia das Horas" (n. 17).

4. Conselhos evangélicos (não só para os religiosos): "[...] A todos os que quiserem seguir o Senhor mais de perto, à maneira dos apóstolos, Cristo propõe o caminho dos conselhos evangélicos" (n. 18).

5. Bem-aventuranças: buscar viver "aquelas qualidades que são dons da graça e que, nas bem-aventuranças, constituem quase o auto-retrato de Cristo: o rosto da pobreza, da mansidão e da paixão pela justiça; o rosto misericordioso do Pai e do homem pacífico e pacificador; o rosto cheio de fortaleza e alegria interior de quem é perseguido por causa da verdade do Evangelho" (n. 18).

6. Confissão, como meio eficaz de atingir a santidade (cf. n. 13).

7. Devoção mariana: "Deve ser sustentáculo para a nossa vida espiritual a presença materna da Virgem Maria, invocada pela Igreja como Mãe da Esperança e Esperança nossa. [...] Alimentar a devoção mariana com práticas de piedade aprovadas e recomendadas pela Igreja, especialmente com a reza daquele compêndio do Evangelho, que é o santo rosário" (n. 14).

A finalidade do ministério dos pastores é a santificação das ovelhas. A esse respeito, o papa João Paulo II afirma que:

> Os bispos devem fomentar incansavelmente uma verdadeira e própria pastoral e pedagogia da santidade, de tal modo que se realize o programa proposto no capítulo quinto da Constituição *Lumem Gentium* sobre a vocação universal à santidade. Programa que, no início do terceiro milênio, quis propor a toda

a Igreja como prioridade pastoral e fruto do grande Jubileu da Encarnação. É que a santidade constitui, ainda hoje, um sinal dos tempos, uma prova de verdade do cristianismo, que resplandece em seus melhores expoentes, tanto nos elevados às honras dos altares, quanto naqueles — mais numerosos — que, de forma humilde e alegre, viveram a santidade no seu dia-a-dia (n. 41).

A Exortação Apostólica, enfim, nos convence de que, para viver no seguimento de Cristo Pastor, precisamos buscar a santidade.

O CARISMA DO PASTOR

Carismas são dons e forças divinas concedidas a alguém em favor da comunidade religiosa ou para a utilidade de outras pessoas. Esses dons ou carismas possibilitam que o agraciado viva, de maneira intensa, ardorosa, diferente, total, um ideal de vida. O carisma leva as pessoas que o possuem a fazer coisas que pareceriam impossíveis de ser realizadas. A vivência radical de um ideal de vida produz nas demais pessoas admiração e desejo de partilhá-lo.

O carisma do pastor é a marca pela qual uma pessoa encarna o ofício e a vida pastorais. Em sentido espiritual, o do cristão seria viver no seguimento e na unidade com Cristo, reproduzindo seus gestos, sentimentos e virtudes de Bom Pastor.

As congregações religiosas, as associações de leigos, os grupos de padres ou uma pessoa, individualmente, costumam e podem viver um determinado carisma. Para os cristãos, os carismas estão ligados a um gesto, virtude, palavra ou ação de Jesus Cristo, ou mesmo a um atributo de Deus, como, por exemplo, sua misericórdia, sua providência...

Entre as características especiais de Jesus, podemos lembrar ou salientar a obediência (santo Inácio de Loyola e os jesuítas), a pobreza (são Francisco de Assis e os franciscanos), o cuidado com os enfermos (são Camilo de Lelis e os camilianos), o apostolado (são Vicente Pallotti e os palotinos), a dedicação aos pobres (são Vicente de Paulo e os vicentinos) e o zelo de pastor (irmãs do Bom Pastor, irmãs pastorinhas, irmãs de Cristo Pastor...).

O carisma do Pastor pode e deve ser vivido por muitas categorias de cristãos. Salientamos aqui o papa, os bispos, os presbíteros e os diáconos. Não se pode imaginar um clérigo que não busque encarnar em sua vida as características do Bom Pastor. A caridade pastoral é um distintivo dos membros do presbitério, ou seja, do bispo e seus presbíteros, responsáveis pelos trabalhos pastorais de uma diocese.

CARACTERÍSTICAS DO BOM PASTOR

1. O Bom Pastor abre o caminho

Seguir o Pastor que abre o caminho é uma espiritualidade fundamentada no deixar-se conduzir por Deus, como um rebanho é conduzido por seu pastor. Ele caminha com as ovelhas, vai à frente, deixando suas pegadas no caminho a ser feito. Encoraja as ovelhas a segui-lo. Suas marcas são um sinal seguro de caminho certo. O rebanho dos fiéis é chamado a percorrer a estrada atrás do Pastor. Esta é a direção certa: *Eu sou o caminho...* (Jo 14,6). As ovelhas vão despreocupadas porque confiam no pastor, que sabe para onde é bom levá-las. A espiritualidade do caminho evoca uma nova e constante experiência do êxodo: o povo que caminha guiado por Deus.

2. O Bom Pastor conhece suas ovelhas

Seguir o Pastor que conhece suas ovelhas é uma espiritualidade baseada no amor, na fraternidade, na partilha, na compreensão, na aceitação e na paz. Na Bíblia, "conhecer" tem também o sentido de amar. Aliás, só podemos amar aqueles que conhecemos; se os amamos, é porque apreciamos seu modo de ser, é porque os aceitamos como eles são. Se seguimos o Pastor que nos conhece e nos ama, nós também devemos procurar conhecer aqueles com quem e para quem trabalhamos de modo pastoral; entrosar-nos com eles e admirá-los, valorizando suas qualidades, virtudes e potencialidades, assim como aceitar suas limitações e ajudar a superá-las.

3. O Bom Pastor é providente

Seguir o pastor que provê é uma espiritualidade de confiança, humildade e esperança. É ter a certeza do amor de Deus e da providência divina. A ovelha sabe que o pastor lhe dará tudo de que precisa: alimento, boa água, sombra... Ele lhe oferecerá até um banquete e impedirá que os opressores inimigos se aproximem (cf. Sl 22). É acreditar em um pastor que provê o alimento para as aves do céu e veste encantadoramente os lírios do campo. E que cuida, mais ainda, das pessoas que acreditam nele (cf. Mt 6,24-34; 10,28-31).

4. O Bom Pastor vigia as ovelhas e as cura

Seguir o pastor que tem cuidado com as ovelhas é uma espiritualidade de quem conhece suas fraquezas e seus pecados e sabe que precisa de Deus para se curar e salvar. Por isso, deposita toda a sua confiança em Deus Pastor. Esse Deus misericordioso se revela plenamente em Jesus de Nazaré. Ele é o Bom Pastor, aquele que procura a ovelha desgarrada, enfaixa a de pata quebrada, carrega nos braços a fraca, traz de volta a perdida... Jesus é o Bom Pastor que possibilita o retorno dos que se afastaram, despertando-os à conversão: *Vou voltar para meu pai e dizer-lhe: "Pai, pequei contra Deus e contra ti"* (Lc 15,18). Ele é o Pastor que perdoa e reabilita todo aquele que se arrepende, porque tem por ele um grande amor. Ele é o médico que cuida de nós e nos devolve a saúde do corpo e da alma.

5. O Bom Pastor deseja salvar todo o rebanho

Seguir o Pastor que quer salvar a todos é uma espiritualidade apostólica que leva a imitar o zelo incansável do Senhor. As infidelidades do antigo Povo de Deus, Israel, assim como as do novo povo de Deus, os batizados que constituem a Igreja, povo da Nova Aliança, demonstram que os homens continuam iguais. Mas mostram também que Deus Pastor não abandona o "seu povo" e, de geração em geração, se compadece dele, o busca, o cura, o leva nos braços e o salva, porque seu amor é maior que os nossos pecados.

6. O Bom Pastor é missionário

Seguir o Pastor que é missionário é ter uma espiritualidade de apóstolo, que anuncia a Boa-Nova do Evangelho. É pensar não apenas naqueles que estão caminhando conosco, mas buscar os que deixaram de participar do nosso grupo de reflexão, da nossa comunidade eclesial de base, do nosso movimento de Igreja, da nossa paróquia. Mais ainda, é desejar e procurar evangelizar aqueles que ainda não conhecem Jesus Cristo, os que não foram batizados. *Tenho ainda outras ovelhas, que não são deste redil; também as devo conduzir, e elas escutarão a minha voz, e haverá um só rebanho e um só pastor* (Jo 10,16). Atualmente, as grandes regiões missionárias não são apenas a África, a Ásia ou a Amazônia, mas também as periferias das cidades de grande e médio portes.

7. O Bom Pastor é coração

Seguir o Pastor que é coração é uma espiritualidade fundada na caridade. As atitudes do Bom Pastor são gestos de amor. Tudo o que ele diz ou faz transpira amor. O coração, em nossa cultura, é o símbolo do amor. Nós dizemos que "amamos de todo o coração". Na ladainha do Sagrado Coração de Jesus, rezamos: *Fornalha ardente de caridade, tende piedade de nós*. São João diz, literalmente, que Deus é amor: *Quem não ama, não chegou a conhecer Deus, pois Deus é amor* (1Jo 4,8). E o devocionário popular reza assim: *Jesus, manso e humilde de coração, fazei o nosso coração semelhante ao vosso* (cf. Mt 11,29). O seguimento do Bom Pastor, que é amor, requer deixar o coração se encher de caridade para transbordar bondade na arte de amar todos os irmãos.

8. O Bom Pastor dá a vida por suas ovelhas

Seguir o Pastor que se sacrifica por nossa salvação é uma espiritualidade de quem acredita que só podemos ser salvos pelo mistério pascal da morte e pela ressurreição de Jesus Cristo. Jesus é amor; é o coração que ama até o extremo de morrer pelos seus. *Antes da festa da Páscoa, sabendo Jesus que tinha chegado a sua hora, hora de passar deste mundo para o Pai, tendo amado os seus que estavam no mundo, amou-os até o fim* (Jo 13,1). Jesus, o Bom Pastor, é o Cordeiro Imaculado, imolado por nós. Sacrificou sua vida para que seu rebanho conservasse, ou melhor, alcançasse a vida: *Eu vim para que tenham vida e a tenham em abundância* (cf. Jo 10,9). Assim como na Antiga Aliança se selava o testamento no sangue de cordeiros e novilhos, na Nova Aliança, o testamento, que nos garante a herança da vida em abundância, da vida eterna, da glória do céu, é selado no sangue precioso de Jesus, o Cordeiro Imaculado. *Eis o Cordeiro de Deus, aquele que tira o pecado do mundo* (Jo 1,29).

Ser pastor e ovelha

Na espiritualidade do Bom Pastor, é preciso que nos sintamos ovelha e pastor. Santo Agostinho nos ensina:

> Na verdade, se houver boas ovelhas, haverá também bons pastores, pois das boas ovelhas se formam os bons pastores; mas os bons pastores estão todos no único, são um só. Se eles apascentam, é Cristo que apascenta [...] porque a voz de Cristo está neles, sua caridade neles se encontra (*Sermão sobre os pastores* — Sermão 46,29).

Como ovelhas, aceitamos o Cristo como nosso Pastor. Ele é quem nos abre o caminho; anda à nossa frente e conosco; ele provê todas as nossas necessidades espirituais e materiais; ele nos cura, perdoa, dá forças e nos salva.

Como pastores, buscamos imitar as atitudes do Cristo Pastor. Colocamo-nos a seu lado e vivemos e trabalhamos no pastoreio dos irmãos, procurando atender a suas necessidades espirituais e materiais, para despertar ou aumentar neles a fé em Cristo, nosso Salvador.

Como ovelhas, colocamo-nos sob a orientação da Igreja: do papa, do bispo, do pároco, do confessor, do diretor espiritual. Vivendo a obediência e a humildade, procuramos nos libertar do orgulho, pai de todos os pecados.

Como pastores, vivemos e trabalhamos em sintonia com a Palavra de Deus e as autoridades eclesiásticas; seguimos as orientações do Plano de Pastoral ou Plano da Ação Evangelizadora. Colaboramos, assim, na construção da unidade entre todos os fiéis.

Como ovelhas, propomo-nos a observar leis e normas da Igreja para o nosso estado de vida (clerical, celibatário, religioso, matrimonial, laical). Pois temos a convicção de que a Igreja é sábia e quer o nosso bem.

Como pastores, procuramos fazer conhecidas as leis da Igreja, pois a Igreja é o Cristo continuado na terra. Não criamos nossas leis, nem fabricamos nossa religião, evitando a proliferação de seitas e religiões.

Como ovelhas, entrosamo-nos com as demais, também com as que pertencem a outra diocese, paróquia, congregação, pastoral ou movimento de Igreja. Sentimo-nos felizes pela fraternidade e partilha; também cremos nas palavras de Jesus, que afirmou: *Nisto conhecerão todos que sois meus discípulos: se vos amardes uns aos outros* (Jo 13,35).

Como pastores, não fazemos distinção de pessoas, mas procuramos acolher e orientar a todos para viver como irmãos e querer bem uns aos outros. Valorizamos os carismas e os dons. Não excluímos ninguém e procuramos promover a união de todos em Jesus Cristo.

Como ovelhas, somos gratos pela dedicação, sacrifícios, amor e atenção daqueles que nos guiam no caminho do bem, no seguimento do Senhor Jesus Cristo, nosso Bom Pastor.

Como pastores, não vivemos à procura de elogios e bajulação, mas fazemos tudo para que Cristo seja conhecido e amado, pois tudo o que temos e somos é dom de Deus, por meio de Cristo Jesus.

Como ovelhas, louvamos a Deus por tudo o que dele recebemos. Também nos propomos a participar da vida da Igreja e estar disponíveis para ajudar nossos irmãos de caminhada.

Como pastores, alegramo-nos com o progresso dos que nos foram confiados e oferecemos nossa inteligência, vontade, capacidades, dons e carismas para o bem do rebanho.

Estamos prontos a dedicar toda a nossa vida a essa missão e nos dispomos, com a graça de Deus, a ser fiéis até a morte aos compromissos assumidos com Cristo, o supremo Pastor.

AMOR INFINITO NA EUCARISTIA

Iniciamos nossas reflexões com as palavras de João Paulo II, comentando Jo 10,11:

> O Bom Pastor dá a vida pelas ovelhas. Os apóstolos só foram entender que Jesus estava falando de si mesmo quando no Calvário viram, na cruz, Jesus oferecer silenciosamente a vida por "suas ovelhas".

A eucaristia é a atualização do único sacrifício da Nova Aliança, o sacrifício de Jesus que se perpetua pelos séculos. Se é na cruz que Jesus alcança a plenitude do pastoreio, dando a vida para salvar suas ovelhas, na celebração da missa nos colocamos aos pés do "supremo", do "grande", do "bom" Pastor, que continua a se oferecer ao Pai por nossa salvação.

Não pode haver verdadeira espiritualidade do Bom Pastor sem um grande amor, uma profunda ligação, uma total valorização da eucaristia. As boas ovelhas encontram na eucaristia a inspiração e a força para permanecer no rebanho e participar do pastoreio de Jesus. Por isso, quem segue o Cristo Pastor deve, todos os dias, priorizar a participação no sacrifício eucarístico, no qual o Bom Pastor se imola ao Pai por nós.

Além da eucaristia-sacrifício, temos a eucaristia-comunhão. Quando recebemos a hóstia consagrada, obtemos a graça de receber Jesus em nós e nos unirmos intimamente a ele; nesse momento, comungamos com ele e com todos os que comungam com ele. Por isso, é o sacramento da unidade e deve inspirar e alimentar o nosso apostolado para contribuirmos na realização do desejo expresso por Jesus: *a fim de que haja um só rebanho e um só pastor* (Jo 10,16).

Em seu infinito amor pela humanidade, Jesus foi capaz de criar e instituir a eucaristia, na qual, além de imolar-se por nós e entrar em profunda comunhão conosco, encontrou um modo de permanecer constantemente conosco na hóstia consagrada. É a presença sacramental de Jesus. Assim, além da eucaristia-sacrifício e da eucaristia-comunhão, temos a eucaristia-presença-real. No sacrário, Jesus permanece vivo, vigilante, atento, como o pastor que passa a noite cuidando de seu rebanho.

Ele está ali e nos espera para uma conversa, uma adoração, um pedido de perdão, uma manifestação de amor, reconhecimento, carinho... *O Mestre está aí e te chama* (Jo 11,28). Aos pés de Jesus sacramentado, os santos tiveram suas grandes inspirações e renovaram sua entrega total a Deus e ao serviço dos irmãos.

O salmo 23(22) traz também uma alusão muito profunda à eucaristia. Entre os salmos, creio que esse foi o que inspirou maior número de poetas a escrever versos e de compositores a criar belíssimas melodias. Eu também fiz uma poesia baseada no salmo, a qual lhes ofereço aqui:

1. Seu corpo é meu alimento,
   seu sangue é minha bebida.
   Restaura-me no sacramento,
   criando em mim nova vida.

   Jesus Cristo é meu Bom Pastor,
   pela vida me guia com amor!

2. Nos dias de nuvens escuras,
   Jesus, Bom Pastor, vai comigo.
   Sentindo a sua presença,
   enfrento, sem medo, o perigo.

   Jesus Cristo é meu Bom Pastor,
   pela vida me guia com amor!

3. Prepara para mim uma festa,
   bom vinho me dá, com fartura,
   com óleo me unge a cabeça:
   imagem da vida futura.

   Jesus Cristo é meu Bom Pastor,
   pela vida me guia com amor!

A poesia floreia um pouco os fatos, mas a mensagem eucarística é bem nítida no salmo. Para notar isso, basta refletirmos com atenção, meditarmos e analisarmos o salmo do grande rei Davi. Por isso, geralmente, este é cântico de comunhão, hora do grande banquete preparado para nós pelo Bom Pastor.

A MAIOR VIRTUDE É A CARIDADE

O sacrifício de Jesus é oferecido a fim de *anunciar a morte do Senhor, até que ele venha* (cf. 1Cor 11,23-26), e realizar o memorial daquele que entregou sua vida por amor a nós. Quando celebramos a eucaristia, ou participamos dela, rogamos que o Pai nos conceda a caridade pela vinda do Espírito Santo. Pedimos que, pela mesma caridade com que Cristo aceitou ser crucificado por nós, possamos também, pela força do Espírito Santo, morrer para o pecado, sacrificando-nos pelo bem dos irmãos e para a glória de Deus.

Os fiéis que amam a Deus e ao próximo, mesmo que não bebam do cálice do sofrimento corporal, sorvem do cálice da caridade do Senhor e não se deixam atrair pelas coisas do mundo, mas sim pelas coisas do alto. Assim, bebem do cálice do Senhor os que conservam a santa caridade.

As "boas ovelhas" e os "bons pastores" são os que vivem o grande mandamento da caridade, porque quem vive a caridade cumpre toda a Lei e os Profetas (cf. Mt 22,26-40), e *o amor é o cumprimento perfeito da Lei* (Rm 13,10). Assim, quem quiser seguir o Cristo Pastor precisa viver intensamente a caridade.

Convencido disso, e querendo incentivar o crescimento na caridade, são Vicente Pallotti pedia que, em todos os livros da Sociedade do Apostolado Católico, fosse impresso o Hino à Caridade, apresentado por são Paulo na Primeira Carta aos Coríntios. Como filho espiritual de são Vicente Pallotti, transcrevo os parágrafos seguintes que, certamente, nos ajudarão no seguimento de Cristo Pastor:

> Aspirai aos dons superiores. Para isto, vou mostrar-vos o melhor de todos os caminhos:

> Se eu falasse todos os idiomas desta terra, e até a língua dos anjos, mas não tivesse a caridade, minhas palavras seriam como o som de um instrumento ou o barulho de um sino. Mesmo que eu tivesse o dom de profetizar e possuísse toda a ciência; mesmo que minha fé fosse tão grande a ponto de poder transportar montanhas, mas não tivesse amor, eu não seria nada. Se eu repartisse tudo o que tenho com os pobres e até oferecesse o meu corpo para ser queimado em sacrifício, não por amor, mas para ser louvado, isto não me serviria para nada.

> Quem ama é paciente e generoso. Quem ama não é invejoso, nem orgulhoso, nem vaidoso. Quem ama não quer impressionar e se fazer de importante; não é grosseiro nem egoísta; não se deixa inflamar pela cólera, nem guarda rancor no coração. Quem tem caridade não se alegra com as injustiças, mas encontra sua alegria na verdade e no bem. Quem ama nunca desanima, mas tudo desculpa, tudo crê, tudo suporta, tudo espera.

> A caridade jamais acabará. Passarão as profecias, acabarão as línguas, as ciências findarão. A profecia é limitada, e a ciência é imperfeita. Quando chegar o que é perfeito, estas coisas imperfeitas desaparecerão. Quando era criança, eu falava como criança, pensava e raciocinava como criança. Agora

que sou adulto, deixei de agir como criança. Do mesmo modo, agora vemos como que em um espelho embaçado, de maneira confusa; mas, um dia, veremos a Deus, face a face. Agora o conheço um pouco, mas um dia o conhecerei plenamente, da maneira como ele me conhece.

Agora subsistem três coisas: a fé, a esperança e a caridade. Mas a maior de todas é a caridade (cf. 1Cor 13,13).

Amou-os até o fim

Na imolação da cruz e na sua atualização no sacramento do altar — a eucaristia —, Jesus *ama até o fim* (cf. Jo 13,1). Estas são as palavras inscritas no meu brasão episcopal: *In finem dilexit eos*, que me lembram o amor infinito de Jesus, Bom Pastor, e me impulsionam a ser pastor com ele e a amar as ovelhas a mim confiadas, até o ponto de me sacrificar por elas. E quantos sacrifícios enfrentei nesses 32 anos de episcopado! Não morri pela diocese, mas me consumi por ela. Sofri com o sofrimento e o fracasso de tantas ovelhas, com os beijos traidores de Judas, com minhas incapacidades, frustrações, falhas e pecados. Por outro lado, alegrei-me por ver muita morte transformar-se em vida nas muitas realizações feitas por Deus em minha ação pastoral na Igreja Particular de Umuarama. Alegrei-me especialmente por presenciar o surgimento de verdadeiras comunidades cristãs, que atestam essa realidade pelo surgimento de diversas vocações sacerdotais e religiosas, assim como de grande número de cristãos leigos, que assumem responsabilidades em suas comunidades eclesiais. Agora, como bispo emérito, continuo a amar essa diocese e a realizar por ela o que posso e me permitem. Continuo a sofrer e a sacrificar-me por ela e por causa dela.

No dia do meu aniversário, dia de são Bruno, fundador dos monges cartuchos, a *Liturgia das Horas*, no volume IV, traz um trecho da carta escrita por ele aos monges:

> Verdadeiramente exulto e sou levado a transportes de louvor e de ação de graças ao Senhor, mas, ao mesmo tempo, suspiro amargamente. Exulto, sim, como é justo, pelo incremento dos frutos de vossas virtudes; tenho tristeza e vergonha de jazer incapaz e covarde na lama de meus pecados (p. 1351).

Faço minhas essas palavras, pois assim me sinto diante de Deus, em referência aos inúmeros bons cristãos leigos, religiosos e padres da querida diocese de Umuarama.

O amor de Cristo é universal; por isso, eu amo a Igreja toda e, com espírito apostólico, sigo o Cristo Pastor e ofereço ainda o que sou capaz, também a outras dioceses, de acordo com os apelos que me chegam. O importante é estar unido a Cristo Pastor, especialmente pela eucaristia, e "nele, por ele e com ele" exercer o ministério, seja qual for e onde for, para a edificação do Reino de Deus e a unidade do rebanho em torno do grande, bom e supremo Pastor.

Seguindo o Cristo Pastor

Para concluir, digo aos leitores que seguir o Bom Pastor, que atinge o ápice de sua missão ao morrer na cruz e dar a vida para salvar as ovelhas, é algo lindo, mas não é nada fácil. Por essa razão, *a messe é grande e poucos são os operários* (cf. Lc 10,2). Aos que querem segui-lo, Cristo Pastor pede que se assentem, ou se ajoelhem, e reflitam atentamente sobre estas palavras:

Venha comigo! (Jo 1,43); *Segui-me e eu vos farei pescadores de homens* (cf. Mt 14,19); *Se alguém quer me seguir, deixe de pensar em si mesmo, tome a sua cruz, esteja pronto para morrer e me acompanhe* (Mc 8,34); *Escutai! Eu vos envio como ovelhas no meio de lobos; por isso, procurem ser espertos como as serpentes e sem maldade como as pombas* (cf. Mt 10,16); *Se alguém quer me servir, siga-me!* (cf. Jo 12,26); *Jesus olhou para ele com amor e lhe disse: "Ainda está faltando uma coisa! Vai, vende todos os teus bens, dá o dinheiro aos pobres e terás um tesouro no céu. Depois, vem e segue-me!"* (cf. Mc 10,21); *Quem ama seu pai, sua mãe, sua mulher, seu marido, seus filhos e irmãos, ou até a própria vida, mais que a mim, não é digno de mim* (cf. Mt 10,37-39 e Lc 14,25-27).

Contudo, pessoalmente ou pela pregação de seus apóstolos, Jesus nos encoraja a segui-lo e nos garante uma felicidade total e eterna no seio da Trindade, no céu: *Em verdade, em verdade, vos digo: chorareis e lamentareis, mas o mundo se alegrará. Ficareis tristes, mas vossa tristeza se transformará em alegria... Mas vos verei novamente, e vosso coração se alegrará, e ninguém poderá tirar a vossa alegria* (Jo 16,20-22). *Bendito seja Deus, o Pai de nosso Senhor Jesus Cristo. Em sua grande misericórdia, pela ressurreição de Jesus Cristo dentre os mortos, ele nos fez nascer de novo para uma esperança viva, para uma herança que não se desfaz, não se estraga nem murcha, e que é reservada para vós nos céus. Graças à fé, e pelo poder de Deus, estais guardados para a salvação que deve revelar-se nos últimos tempos. Isso é motivo de alegria para vós, embora seja necessário que no momento estejais por algum tempo aflitos, por causa de várias provações* (1Pd 1,3-6). *Deus quis fazer habitar nele toda a plenitude e, por ele, reconciliar consigo todos os seres, tanto na terra como no céu, estabelecendo a paz, por meio dele, por seu sangue derramado na cruz* (Cl 1,19-20). *Aliás, foi em virtude da Lei que eu morri para a Lei, a fim de viver para Deus. Com Cristo, eu fui pregado na cruz. Eu vivo, mas não eu: é Cristo que vive em mim. Minha vida atual na carne, eu a vivo na fé, crendo no Filho de Deus, que me amou e se entregou por mim. Eu não anulo a graça de Deus* (Gl 2,19-21a). *Eu penso que os sofrimentos do tempo presente não têm proporção com a glória que há de ser revelada em nós* (Rm 8,18). *Com efeito, a insignificância de uma tribulação momentânea acarreta para nós um volume incomensurável e eterno de glória* (2Cor 4,17). *Pois, se fomos, de certo modo, identificados a ele por uma morte semelhante à sua, seremos semelhantes a ele também pela ressurreição. Sabemos que o nosso homem velho foi crucificado com Cristo, para que fosse destruído o corpo sujeito ao pecado, de maneira a não mais servirmos ao pecado. E, se já morremos com Cristo, cremos que também viveremos com ele* (Rm 6,5-8).

Sim, Cristo, o Bom Pastor, que morreu por nós, está vivo, reina e impera para sempre. Aleluia! Com ele reinaremos. Amém!

Parte III

Anexos

1. Irmãs de Cristo Pastor

Em 1979, egressas de uma congregação, duas irmãs foram à diocese de Umuarama e assumiram o setor de enfermagem de um pequeno hospital, em uma de nossas cidades. Renovaram os votos religiosos dos conselhos evangélicos e, depois de seis meses, comunicaram-me que iriam deixar o trabalho do hospital, porque, além de dificultar-lhes a participação diária nas missas, fazia com que fossem coniventes com certas práticas contrárias à moral cristã.

Como era difícil conseguir religiosas para os trabalhos pastorais, perguntei se elas poderiam me ajudar na fundação de uma congregação religiosa. Elas aceitaram e começamos uma campanha vocacional. Selecionamos algumas moças e iniciamos o postulantado. Em 2 de fevereiro de 1980, as duas irmãs e mais cinco jovens iniciaram o noviciado na antiga casa paroquial da cidade de Tapejara (PR).

A finalidade principal da congregação era o trabalho pastoral em pequenas comunidades, para auxiliar os religiosos nas paróquias e ajudar nas coordenações no âmbito diocesano, na formação de agentes de pastoral e na administração de paróquias sem padres.

O mais difícil foi encontrar um nome para a congregação nascente, pois todas as designações boas e adequadas ao carisma já tinham sido escolhidas. Por vários anos, foram chamadas e conhecidas, apenas, como Irmãs Diocesanas. Depois, levadas pela devoção à Medalha Milagrosa, elas se intitularam Irmãs Diocesanas de Nossa Senhora das Graças.

As co-fundadoras abandonaram a congregação em 1989. Em novembro do mesmo ano, realizamos uma assembléia em que foi eleita como superiora a única remanescente do primeiro grupo de noviças. Em 1996, iniciamos um estudo para aprofundar o carisma e a espiritualidade do grupo e a procura de um nome e uma padroeira que fossem adequados ao carisma e à espiritualidade. Assim, apesar de recente, a congregação procurou voltar às origens, lembrando a finalidade principal para a qual foi criada. Dessa forma, em 1997, decidimos pelo nome Congregação das Irmãs de Cristo Pastor e, sua padroeira, Nossa Senhora Pastora.

Em março de 1997, fui ao Uruguai. Em Montevidéu, presidi a ordenação sacerdotal de um palotino. No ano seguinte, ele foi me visitar em Umuarama e, como presente, me trouxe uma bela imagem de Nossa Senhora Pastora: Maria assentada com o Menino Jesus no colo segurando um cajado na mão, e duas ovelhas apoiando as patas dianteiras em seus joelhos. Nesse presente, que passei aos cuidados das irmãs, vi um sinal da aprovação de Deus ao nome da congregação e à escolha de sua padroeira. Ficamos muito felizes, pois encontramos em Cristo Pastor e na Senhora Pastora uma fonte inesgotável para iluminar o carisma e alimentar a espiritualidade da congregação.

O Cristo Pastor e Nossa Senhora Pastora
são fachos de luz a indicar
os caminhos da nova congregação.
Também são refúgios seguros para os dias de trevas.
São alimento vigoroso para fortificar as ovelhinhas
e água refrescante para matar-lhes a sede.
São protetores que se desdobram
em cuidados, carinho, amor e proteção
para com este pequeno redil.
São modelos para ação apostólica
das irmãs que lhes são dedicadas.
Eles dão ânimo ao trabalho pastoral
e proporcionam repouso para restaurar
as forças e iniciar novas jornadas.

A festa de Cristo Pastor é celebrada no Quarto Domingo da Páscoa, Domingo do Bom Pastor. Por sua vez, Nossa Senhora Pastora é festejada em 9 de setembro.

Pequeno rebanho

Não tenhas medo, pequeno rebanho, pois foi do agrado do vosso Pai dar a vós o Reino (Lc 12,32). Enquanto a "congregação" for pequena, será canonicamente denominada "Pia União". Precisamos crescer muito, ter cerca de 40 religiosas com votos para nos tornarmos uma congregação. Nós vivemos em um "tempo de vacas magras" ao que se refere às vocações femininas à vida consagrada. Foram-se os tempos em que os noviciados andavam lotados. A maioria das congregações tem pouquíssimas noviças ou nenhuma. Vivemos ainda em um tempo em que é difícil dar um "sim" para sempre, quer no matrimônio, quer no sacerdócio, quer na vida religiosa.

No leito de morte, são Vicente Pallotti disse aos poucos membros de sua congregação (Sociedade do Apostolado Católico — SAC): "Tenho certeza de que a sociedade será abençoada por Deus!". Como os palotinos que, na ocasião (1850), eram apenas 12, as irmãs da (ainda) Pia União de Cristo Pastor hoje (2005), 25 anos depois de iniciar o primeiro noviciado, são apenas 11 religiosas professas, das quais apenas sete fizeram os votos perpétuos.

São Vicente costumava dizer de si mesmo: "Eu sou menos que nada, pois sou nada e pecado". Atribuía o pequeno crescimento da Sociedade do Apostolado Católico à sua presença, chegando a dizer: "Quando eu morrer, a sociedade vai crescer". De fato, os palotinos são hoje quase 2,5 mil espalhados pelos cinco continentes.

Quero eu, filho espiritual de são Vicente Pallotti, fazer minhas as palavras do meu fundador: "Manifesto também minha esperança e convicção de que a Congregação das Irmãs de Cristo Pastor será abençoada e crescerá quando este fundador, que 'é nada e pecado', partir deste mundo".

2. O TÍTULO "NOSSA SENHORA PASTORA"

Quando escolhemos Nossa Senhora com o título de Pastora para ser a patrona da Congregação das Irmãs de Cristo Pastor, pedi que Sua Eminência, cardeal Aloísio Lorscheider, arcebispo de Aparecida (SP) e presidente da Comissão de Doutrina, da Conferência Nacional dos Bispos do Brasil (CNBB), me fornecesse os fundamentos teológicos dessa invocação de Maria. Tomo a liberdade de transcrever aqui a carta que recebi em resposta; mais uma vez, agradeço a amável atenção do Senhor Cardeal.

> Aparecida, 28 de dezembro de 1998.
>
> Prezado dom Maimone,
>
> Não há na Escritura ou na tradição um texto concreto que fundamente o título de Nossa Senhora Pastora. Existe, porém, uma fundamentação teológica válida que parte da íntima associação de Nossa Senhora a toda a Obra Salvadora de Jesus Cristo. Os títulos atribuídos em sentido próprio a Jesus podem ser atribuídos em sentido analógico a Maria Santíssima.

Temos um exemplo muito característico na Encíclica *Ad Coeli Reginam*, de Pio XII (11/10/1954), em que ele afirma que em sentido pleno, próprio e absoluto, só Jesus Cristo, Deus e Homem, é Rei, enquanto Maria participa dessa realeza de modo *temperato et analogiae ratione*. Isto, na realidade, significa a sempre subordinação de Nossa Senhora a Jesus Cristo. Embora intimamente associada a Jesus, ela é associada *subordinato* modo, de modo subordinado a Jesus. É a dependência de Maria a Jesus. Toda a glória e função de Maria na Obra Salvadora sempre dependem de Jesus. Na Bula *Inefabilis Deus*, na qual vem definida por Pio IX a Imaculada Conceição (8/12/1854), o papa afirma que Maria Santíssima foi por singular graça e privilégio do Deus onipotente preservada, imune no primeiro instante de sua concepção, *intuitu meritorum Christi Jesu Salvatoris humani generis*, de toda mancha de culpa original. O importante aqui é o *intuitu meritorum Christi Jesu Salvatoris*. Foi em vista dos méritos de Cristo Jesus Salvador que Maria foi preservada da mancha do pecado original desde o primeiro instante de sua concepção. Está aqui indicada a subordinação de Maria a Jesus.

Portanto, sabendo que Jesus é o Bom Pastor, Maria Santíssima, intimamente associada a Jesus na obra Salvadora, pode muito bem ser chamada Boa Pastora, sempre *intuitu meritorum Christi Jesu Salvatoris*. Sempre subordinada a Cristo. Parafraseando Pio XII, poderíamos dizer que, em sentido pleno, próprio e absoluto, só Jesus, Deus Homem, é Pastor, enquanto Maria também é Pastora, mas modo *temperato et analogiae ratione*.

É claro que Pio XII se mostra aqui tomista. Se for escotista, você dirá que Maria pode ser chamada Pastora em um sentido pleno e próprio, não absoluto, mas relativo (isto é, em relação a Jesus Cristo), tratando-se, no caso de Maria em relação a Cristo, não de uma univocidade *simpliciter,* mas de uma univocidade análoga ou então de uma analogia que se aproxima da univocidade. Os tomistas falam de uma analogia de proporcionalidade própria (portanto, não é em sentido impróprio, mas em sentido análogo próprio); os escotistas falam de uma univocidade não absoluta, mas relativa. Em outras palavras, não se trata só de uma figura retórica ou de uma metáfora, mas de uma realidade mais profunda, que, sem atingir a univocidade propriamente dita, se aproxima fortemente de certa univocidade.

Eu disse que na Santa Escritura não há nada explícito. Entretanto, talvez, até haja algo explícito. Refiro-me à passagem bíblica de Lucas 1,38: *Eis aqui a serva do Senhor! Faça-se em mim segundo a tua palavra*. A expressão "Serva do Senhor" identifica-se, no meu entender, com Servo do Senhor de Isaías 13,1-12, e com fez-se servo de Filipenses 2,7. Ora, dizem os exegetas que as imagens "servo" e "pastor" se identificam. Jesus, que é designado como Servo e Pastor, dá a sua vida por suas ovelhas. Jesus veio não para ser servido, mas para servir e dar a vida em resgate por muitos (*hoi polloi*, do grego: os muitos — a multidão — o gênero humano). Ele se fez obediente até a morte de cruz (Fl 2,9). Maria é a Serva ou Pastora do Senhor, que se coloca disponível. *Faça-se em mim segundo a tua palavra* (Lc 1,38). Disponível e obediente até a morte, e mesmo morte de cruz: *Eis a tua mãe* (Jo 19,27). Jesus é o Servo ou o Pastor obediente a seu Pai, que o consagrou e enviou ao mundo (Jo 10,36 — *alegoria do Bom Pastor*) para dar a vida pelo mundo (Jo 10,17-18). Maria, como Serva do Senhor, ou como Pastora do Senhor, comunga no mesmo mistério de obediência ao Pai no Espírito.

Qual é a raiz mais profunda deste título de Serva ou Pastora atribuído a Maria? A raiz mais profunda para este título é a maternidade divina. É a raiz de todos os títulos de Nossa Senhora. Ela é a Mãe, a Mãe de Deus. A Mãe é inseparável do Filho!

Comparando, pois, o Servo de Javé com Pastor de Javé (Is 53,1-12), Filipenses 2,6ss e a alegoria do Bom Pastor (Jo 10,1-18), nota-se que, biblicamente, os dois termos são idênticos. Ora, se isto vale para o Servo de Javé, vale necessariamente para a Serva de Javé (Maria Santíssima); por conseguinte, temos aqui indicada a identificação com Pastora, desta forma, na frase bíblica: *Eis aqui a Serva do Senhor, faça-se em mim segundo a sua palavra* (Lc 1,38). Essa pequena frase muito rica está colocada no texto de Isaías (53,1-12), em Filipenses (2,6-9) e no texto da alegoria do Bom Pastor (Jo 10,1-18).

Caríssimo dom Maimone, é isto aí! Penso que responde ao que você pedia.

Um grande abraço e um Feliz Ano-Novo.
Cardeal Aloísio Lorscheider

3. Devocionário

Ladainha de Cristo Pastor

— Senhor, tende piedade de nós!
— Senhor, tende piedade de nós!

— Jesus Cristo, tende piedade de nós!
— Jesus Cristo, tende piedade de nós!

— Senhor, tende piedade de nós!
— Senhor, tende piedade de nós!

— Jesus Cristo, ouvi-nos!
— Jesus Cristo, ouvi-nos!

— Jesus Cristo, atendei-nos!
— Jesus Cristo, atendei-nos!

— Deus, Pai dos céus.
— Tende piedade de nós!

— Deus Filho, redentor do mundo.
— Tende piedade de nós!

— Deus, Espírito Santo.
— Tende piedade de nós!

— Santíssima Trindade, que sois um só Deus.
— Tende piedade de nós!

— Jesus Cristo, grande, supremo e Bom Pastor.
— Tende piedade de nós!

— Cristo Pastor, que sois caminho, verdade
e vida das ovelhas.
— Tende...

— Jesus, Bom Pastor, caminho que nos leva ao Pai.
— Tende...

— Jesus, Bom Pastor, verdade que ilumina
a nossa vida.
— Tende...

— Jesus, Bom Pastor, vida que nos enche de alegria
e esperança.
— Tende...

— Cristo, Pastor, manso e humilde de coração.
— Tende...

— Bom Pastor, imagem do amor infinito de Deus por nós.
— Tende...

— Bom Pastor, que nos ensinais a fazer a vontade do Pai.
— Tende...

— Cristo Pastor, que nos alimentais com vossa
palavra de vida.
— Tende...

— Cristo Pastor, que na eucaristia nos alimentais com vosso corpo.
— Tende...

— Pastor vigilante, que permaneceis silencioso em nossos sacrários.
— Tende...

— Pastor misericordioso, que perdoais as nossas ofensas.
— Tende...

— Cristo Pastor, que nos ensinais a perdoar as ofensas recebidas.
— Tende...

— Bom Pastor, que nos livrais de cair em tentação.
— Tende...

— Bom Pastor, que nos libertais das garras do maligno.
— Tende...

— Pastor eterno, que desejais todas as ovelhas em um só rebanho.
— Tende...

— Jesus, que reunis na vossa Igreja todas as vossas ovelhas.
— Tende...

— Cristo Pastor, que ides à procura da ovelha perdida.
— Tende...

— Cristo Pastor, que levais nos ombros as ovelhas enfraquecidas.
— Tende...

— Jesus, médico pastor, que curais as ovelhas doentes.
— Tende...

— Jesus, médico pastor, que enfaixais as fraturas das ovelhas.
— Tende...

— Cristo Pastor, que morreis para que as ovelhas tenham a vida.
— Tende...

— Cristo Pastor, que viestes para dar a vida em abundância.
— Tende...

— Bom Pastor, que nos ensinais a amar nossos irmãos e irmãs.
— Tende...

— Bom Pastor, que nos ensinais a dar a vida pelos que amamos.
— Tende...

— Jesus Cristo, que nos destes vossa Mãe para ser nossa Mãe.
— Tende...

— Jesus Pastor, que fizestes de Maria Nossa Senhora Pastora.
— Tende...

— Cordeiro de Deus, que tirais o pecado do mundo.
— Ouvi-nos, Senhor!

— Cordeiro de Deus, que tirais o pecado do mundo.
— Perdoai-nos, Senhor!

— Cordeiro de Deus, que tirais o pecado do mundo.
— Tende piedade de nós!

Oremos: Ó Pai, que nos destes Jesus Cristo como bom, grande e supremo Pastor, olhai para nós, que confiamos em vós. Nem sempre somos boas ovelhas, pois somos rebeldes, ingratos e indiferentes ao vosso amor infinito. No entanto, queremos caminhar com fidelidade na vossa Igreja e participar do pastoreio de Cristo, que deu a vida para nos salvar. Concedei-nos esta graça pelo mesmo Jesus Cristo vosso Filho, que convosco vive e reina, na unidade do Espírito Santo. Amém.

Oração a Cristo Pastor

Cristo Jesus, Bom Pastor, que amais e cuidais das ovelhas do vosso rebanho, eu, a mais pequenina de todas, venho implorar a vossa misericórdia. Sinto-me enfraquecida porque me afastei do vosso rebanho e não caminhei com as ovelhas que seguem vossa voz e permanecem no vosso amor. Longe de vós e de meus irmãos e irmãs de caminhada, passei fome, sede, frio e medo. Arrependida, retorno ao seio da comunidade e necessito de vossos cuidados para me recuperar. Sei que sois o Bom Pastor e que me carregareis no colo, até que, revigorada, eu possa caminhar com segurança sob vosso olhar repleto de amor e bondade. Amém!

Oração por alguém que se afastou

Jesus Cristo, Bom Pastor, deixastes as noventa e nove ovelhas em segurança no aprisco, e fostes à procura da ovelha desgarrada e perdida. Hoje, venho pedir por ...., que abandonou a vossa Igreja e se afastou do convívio dos irmãos e irmãs. Talvez nós tenhamos culpa por esse afastamento. Por isso, vos pedimos perdão. Não deixeis que essa pessoa se perca pela ação dos mercenários ou pelas ilusões deste mundo. Trazei-a de volta, ó Cristo Pastor! Porque confiamos no vosso socorro e no vosso amor, desde já vos agradecemos, pois sabemos que a trareis em vossos ombros, com muito amor. Amém.

Oração a Nossa Senhora Pastora

Querida Mãe e Senhora, Maria Santíssima, vossos filhos e súditos vos veneram sob os mais variados nomes. Nós, ovelhas do rebanho de Jesus, vos invocamos com o título de Nossa Senhora Pastora para dizer que acreditamos na vossa íntima associação à obra salvadora de Jesus Cristo, nosso supremo Pastor.

Boa pastora, ou bom pastor, é quem cuida e guarda com amor as ovelhas do rebanho. Sabemos que o rebanho não é nosso, nem vosso; ele é de Jesus Cristo, vosso Filho. O importante é que amais as ovelhas como se fossem vossas.

Ensinai-nos, senhora Pastora, a participar decididamente nos trabalhos de Cristo Pastor. Ajudai-nos a ser apóstolos e missionários, para cooperar na união de todas as ovelhas em um só rebanho, sob um só pastor. Além de interceder para apressar esse momento, ajudai as ovelhas a permanecerem fiéis, procurai curar as doentes, enfaixai as de pernas quebradas e carregai no colo as pequeninas e as enfraquecidas. Aconselhai as transviadas, despertai o arrependimento das rebeldes e guiai as perdidas, a fim de encontrarem segurança e salvação em vosso Filho, Jesus, o Bom Pastor.

Por tudo isto, nós vos agradecemos e vos aclamamos como Nossa Senhora Pastora. Também vos pedimos, ó Mãe querida, ajudai-nos, antes de tudo, a ser boas ovelhas no rebanho de Cristo Pastor. Cuidai de nós com o carinho de Mãe e a dedicação de Pastora. Amém!

Nossa Senhora Pastora,
Rogai por nós!

Hinos retirados da Liturgia das Horas

Para um santo Pastor: papa
Claro espelho de virtude, homem santo, Bom Pastor,
ouve o hino que em ti louva os prodígios do Senhor,
que, pontífice perpétuo, os mortais a Deus uniu
e, por nova aliança, nova paz nos garantiu.

Previdente ele te fez do seu dom o servidor,
para dar ao Pai a glória e a seu povo vida e amor.
Tendo em mãos dos céus as chaves,
governaste com amor
o rebanho de são Pedro nos caminhos do Senhor.

Não te esqueças, pede a Deus, tu que ao céu
foste elevado:
que as ovelhas busquem todas do pastor
o verde prado.
Glória à Trina Divindade, que, em um servo tão fiel,
recompensa os ministérios com o júbilo do céu.

Para um santo pastor: bispo

Cristo Pastor, modelo dos pastores,
comemorando a festa de santo,
a multidão fiel e jubilosa
vosso louvor celebra neste canto.
O vosso Espírito ungiu o forte atleta
pelo dom íntimo de uma unção de amor,
tornando-o apto para a dura luta,
do povo santo o fez fiel pastor.
Do seu rebanho, foi pastor e exemplo,
ao pobre alívio e para os cegos luz,
pai carinhoso, tudo para todos,
seguindo em tudo o Bom Pastor Jesus.
Cristo, que aos santos dais nos céus o prêmio,
com vossa glória os coroando assim,

dai-nos seguir os passos deste mestre
e ter um dia um semelhante fim.
Justo louvor ao sumo Pai cantemos,
e a vós, Jesus, eterno Rei, também.
Honra e poder ao vosso Santo Espírito
no mundo inteiro, agora e sempre. Amém.

Para um santo pastor: sacerdote

Hoje cantemos o triunfo do guia sábio e bom pastor,
que reina entre os eleitos a testemunha do Senhor.
Foi guia e mestre mui brilhante, da vida santa deu lição;
buscou a Deus ser agradável, mantendo puro o coração.
São ...., os bens da terra, sem valor ele julgou;
vãs alegrias deixando, só as do céu abraçou.
Oremos para que, bondoso, peça perdão aos faltosos,
e sua prece nos conduza do céu aos cumes luminosos.
Poder, louvor, honra e glória ao Deus eterno e verdadeiro,
que, em suas leis, rege e sustenta, governa e guia o mundo inteiro.

Preces retiradas da Liturgia das Horas

Prece a Cristo Pastor

Leitor: Agradeçamos a Cristo, o Bom Pastor, que deu a vida por suas ovelhas e lhe peçamos:

Todos: **Apascentai, Senhor, o vosso rebanho!**
Cristo, quisestes mostrar vosso amor e misericórdia nos santos pastores; por meio deles, sede sempre misericordioso para conosco.
Apascentai, Senhor...
Através dos vossos representantes na Terra, continuais a ser o Pastor das nossas almas; não vos canseis de nos dirigir por intermédio de nossos pastores.
Apascentai...
Em vossos santos que guiam os povos, sois o médico dos corpos e das almas; não cesseis de exercer para conosco o ministério da vida e da santidade.
Apascentai...
Pela sabedoria e caridade dos santos, instruístes o vosso rebanho; guiado pelos nossos pastores, fazei-nos crescer na santidade.
Apascentai...

Associastes os discípulos aos vossos apóstolos para a ação evangelizadora; dai a todos os cristãos cooperarem no trabalho pastoral da Igreja.
Apascentai...
Pai nosso, que...

Oremos: Ó Deus, que nos destes a graça de participar no vosso pastoreio, dai-nos, por intercessão de Nossa Senhora Pastora, crescermos na fé, esperança e caridade, para participarmos um dia da vossa glória. Amém.

Cristo, mediador entre nós e o Pai

Leitor: Oremos em favor do povo santo, a Deus Pai, fonte de toda luz, que nos chama à verdadeira fé por meio do Evangelho de seu Filho Jesus, o Bom Pastor:

Todos: **Lembrai-vos, Senhor, da vossa Igreja!**
Deus Pai, que ressuscitastes dos mortos vosso Filho, o grande Pastor das ovelhas, fazei de nós testemunhas de vosso Filho, até os confins da terra.
Lembrai-vos, Senhor...
Vós, que enviastes o vosso Filho ao mundo para evangelizar os pobres, fazei que o Evangelho seja pregado a toda criatura.
Lembrai-vos...

Vós, que enviastes o vosso Filho para semear a palavra do Reino, concedei-nos colher na alegria os frutos da palavra semeada com o nosso trabalho.
Lembrai-vos...
Vós, que enviastes o vosso Filho para reconciliar o mundo convosco por seu sangue, fazei com que todos nós colaboremos na obra de reconciliação de toda a humanidade.
Lembrai-vos...
Vós, que glorificastes vosso Filho à vossa direita nos céus, recebei no reino da felicidade eterna os nossos irmãos e irmãs falecidos.
Lembrai-vos...
Pai nosso, que...

Oremos: Deus, nosso Pai, que aceitastes o sacrifício perpétuo de Jesus Cristo, vosso Filho e nosso Bom Pastor, como resgate por nossos pecados, lavai-nos com seu sangue redentor. Santificai-nos pelos méritos infinitos de vosso Filho Jesus Cristo, que convosco vive e reina, na unidade do Espírito Santo. Amém!

Na festa de um santo pastor

Leitor: Rendamos a devida glória a Cristo, constituído pontífice em favor dos homens nas suas relações com Deus; e lhe peçamos humildemente:

Todos: **Senhor, salvai o vosso povo!**

Destes a são .... ser um grande pastor para o vosso povo; dai a todos nós a graça de seguir seus exemplos de caridade e doação...

Senhor, salvai...

Fizestes resplandecer admiravelmente a vossa Igreja por meio de santos e insignes pastores; que os cristãos se alegrem sempre com o mesmo esplendor...

Senhor, salvai...

Quando os santos pastores vos suplicavam, a exemplo de Moisés, perdoastes os pecados do povo; por intercessão deles, santificai a vossa Igreja mediante uma contínua purificação...

Senhor, salvai...

Tendo-os escolhido entre os irmãos, consagrastes vossos santos, enviando sobre eles o vosso Espírito. Que o mesmo Espírito Santo inspire aqueles que governam o vosso povo...

Senhor, salvai...
Sois vós a herança dos santos pastores. Concedei que nenhum daqueles que foram resgatados pela vosso sangue fique longe de vós...
Senhor, salvai...
Por meio dos pastores da Igreja, dai a vida eterna a vossas ovelhas e não permiti que ninguém as arrebate de vossas mãos; salvai os que adormeceram em vós, pelos quais destes a vida...
Senhor, salvai...
Pai nosso, que...

Oremos: Ó Deus, que enriquecestes são .... com o dom de ser um Bom Pastor para o vosso povo, dai-nos, por sua intercessão, guardar a fé que ele ensinou por palavras e seguir o caminho que nos mostrou por sua vida. Por Cristo, Senhor nosso. Amém!

ENDEREÇOS ÚTEIS

Para adolescentes e jovens que se sentem chamados a seguir o Bom Pastor de uma maneira mais radical na vida religiosa ou sacerdotal, apresentamos alguns endereços de congregações que vivem esse carisma de modo especial:

1. **Irmãs de Cristo Pastor**

    Rua Francisco Inácio Lira, 1.521
    Jardim São Rafael
    87503-340 — Umuarama (PR)

    Rua Arthur Zirondi, 262
    Jardim Pioneiro
    87140-000 — Paiçandu (PR)

2. **Irmãs de Jesus Bom Pastor — Pastorinhas**

    Rua Pepiguari, 302
    Alto da Lapa
    05059-010 — São Paulo (SP)

    Rua Mário Damiani Panata, 750
    Caixa Postal 1020
    95001-970 — Caxias do Sul (RS)

3. **Irmãs da Caridade do Bom Pastor**

   Rua Nossa Senhora da Paz, 1.046
   Cachoeirinha
   31130-420 — Belo Horizonte (MG)

   Rua Bom Pastor, 1.407
   50670-260 — Recife (PE)

4. **Bispo Diocesano ou Pastoral Vocacional**

   Em todas as dioceses

5. **Congregação de Jesus Sacerdote**

   Rua Gonçalves Ledo, 77
   Caixa Postal 49
   17510-310 — Marília (SP)

6. **Sociedade do Apostolado Católico — Palotinos**

   Rua José Alfredo de Carvalho, 352
   Caixa Postal 302
   86300-000 — Cornélio Procópio (PR)

   Rua Nossa Senhora das Dores, 903
   97050-531 — Santa Maria (RS)

BIBLIOGRAFIA

BOSETTI, Elena & PANIMOLLE, Salvatore A. *Deus-Pastor na Bíblia*. São Paulo, Paulus, 1986.

JOÃO PAULO II. *Homilia da missa de 25 anos de papado* L'Osservatore Romano, 22/10/2003.

―――――. *Pastores Dabo Vobis*: Exortação apostólica pós-sinodal. São Paulo, Paulinas, 2005.

―――――. *Pastores Gregis*: Exortação apostólica pós-sinodal. São Paulo, Paulinas, 2003.

LITURGIA das Horas (4 volumes). São Paulo, Ave Maria/Paulinas/Paulus/Vozes, 2000.

Sumário

Apresentação 5
Prefácio.. 7
A espiritualidade do Bom Pastor 9

Parte I
O Pastor nas Sagradas Escrituras

Antigo Testamento — Deus Pastor 15
Ligação dos dois Testamentos........................... 19
Salmo 23(22).. 23
O Bom Pastor no Novo Testamento..................... 25
    João 10,1-21 25
    Lucas 15,4-7 — Mateus 18,12-14.................... 27
    1Pedro 5,1-4 30

Parte II
Reflexões sobre o Bom Pastor

O papa exorta os pastores................................ 37
O carisma do Pastor 45
Características do Bom Pastor 47
Ser pastor e ovelha 53
Amor infinito na eucaristia 57
A maior virtude é a caridade............................. 61
Amou-os até o fim 65
Seguindo o Cristo Pastor 67

Parte III
Anexos

1. Irmãs de Cristo Pastor 73
   Pequeno rebanho 75
2. O título "Nossa Senhora Pastora" 79
3. Devocionário 85

Endereços úteis 99

Bibliografia 101

Impresso na gráfica da
Pia Sociedade Filhas de São Paulo
Via Raposo Tavares, km 19,145
05577-300 - São Paulo, SP - Brasil - 2006